Novena para se livrar das tristezas e reencontrar o entusiasmo de viver

Felipe G. Alves

Novena para se livrar das tristezas e reencontrar o entusiasmo de viver

EDITORA VOZES

Petrópolis

© 2009, Editora Vozes Ltda.
Rua Frei Luís, 100
25689-900 Petrópolis, RJ
www.vozes.com.br
Brasil

5ª edição, 2015.

Todos os direitos reservados. Nenhuma parte desta obra poderá ser reproduzida ou transmitida por qualquer forma e/ou quaisquer meios (eletrônico ou mecânico, incluindo fotocópia e gravação) ou arquivada em qualquer sistema ou banco de dados sem permissão escrita da editora.

Diretor editorial
Frei Antônio Moser

Editores
Aline dos Santos Carneiro
José Maria da Silva
Lídio Peretti
Marilac Loraine Oleniki

Secretário executivo
João Batista Kreuch

Editoração: Frei Leonardo A.R.T. dos Santos
Diagramação: AG.SR Desenv. Gráfico
Capa: Omar Santos

ISBN 978-85-326-3866-3

Editado conforme o novo acordo ortográfico.

Este livro foi composto e impresso pela Editora Vozes Ltda.
Rua Frei Luís, 100 – Petrópolis, RJ – Brasil – CEP 25689-900
Caixa Postal 90023 – Tel.: (24) 2233-9000
Fax: (24) 2231-4676

INTRODUÇÃO

"Um coração alegre faz bem ao corpo, mas o espírito abatido resseca os ossos" (Pr 17,22). Embarcando nesse pensamento, os psicólogos não se cansam de insistir: "A alegria e o bom humor são a melhor vitamina para se ter boa saúde". Então, uma gargalhada gostosa vale mais que uma hora de ginástica.

Alegria e tristeza – O Bom Pai quer que você seja feliz e bem-humorado, pois isso fará bem tanto a você como aos amigos e familiares que o rodeiam. Já pensou como sofrem aqueles que têm de conviver com alguém sempre a amaldiçoar a vida, murmurando, murmurando sempre? Alguns realmente estão tristes, mas só momentaneamente, por estar passando por uma provação mais séria. Mas, por que a pessoa tristonha tem que levar uma vida sombria, pesada, incapaz de desfrutar o belo, vendo em tudo falhas e defeitos?

Não pense que ser alegre é viver rindo à toa ou contando anedotas a toda hora! Ser alegre é desdramatizar a vida, encontrando o lado engraçado das coisas. O grande santo brasileiro, o Pe. Alderígi, que faleceu em Santa Rita de Caldas, MG, em 1977, cujo processo de beatificação começou em 2001, ao receber um paroquiano que lhe pedia orações por ser muito nervoso, lhe perguntou: "Você é rico ou pobre?" Diante da resposta "o pior é que eu sou pobre", o santo começou a rir, rir, rir, caçoando: "É muita desgraça junta. Pobre tem que ser alegre". Como ele sabia tirar proveito até dos fatos corriqueiros! E como sabia dar gargalhadas! Ele sabia, com seu bom humor, que os pequenos contratempos carregam também um lado engraçado (comprove tudo isso, lendo *Alderígi, gigante com olhos de criança*, da Ed. Vozes). Portanto, nada de pessimismo. Viva a ordem do Senhor: "Alegrem-se sempre no Senhor; outra vez digo: ALEGREM-SE!" (Fl 4,4).

Depressão – Compreende-se que as pessoas às vezes se encontrem tristes, diante de acontecimentos dolorosos. Mas, e se esses sentimentos persistirem por semanas, meses ou anos, sem sentir prazer em nada? Tudo mostra que não se trata mais de um simples estado de tristeza, e sim de depressão.

Quem simplesmente está triste irá procurar a companhia de amigos ou distrações para superar a tristeza. O depressivo, não. Prefere permanecer sozinho. Costuma estar sempre insatisfeito com tudo e até apresentando certos distúrbios, tais como falta ou excesso de sono, aumento ou redução do apetite e lentidão motora. E aqueles outros vivendo em estado de desespero, pensando até em suicídio?

A cura – Para esses está tudo perdido? De modo algum. Jesus tem o poder de curar todo o mal e toda a enfermidade.

Por isso – sem desprezar o especialista ou fazer o tratamento adequado –, aqui você tem essa novena. Novena cheia de poder, pois é baseada nas Escrituras e no poder infinito do Bom Pai, cheio de misericórdia. Mas, atenção! Não leia simplesmente essa novena. Ela será rezada em 9 dias e não lendo tudo de uma vez só. Em 9 dias de fé, de oração, de poder divino.

E o sol da alegria vai raiar. Por que toda essa maravilha? Simplesmente porque Cristo quer: "Que minha alegria esteja com vocês e a sua alegria seja completa" (Jo 15,11).

1º DIA – DAS PROFUNDEZAS CLAMO A TI, SENHOR

1. Oração inicial (veja no início da novena!).

2. Palavra do Bom Pai (veja no início da novena!).

Você: Pai do céu, piedade e misericórdia para comigo! Por que essa tristeza e melancolia, esfregando minha alma nas pedras da estrada? Tudo o que eu faço sai errado e nada está certo ao meu redor. E o pior é que o culpado de tudo sou eu mesmo e não os que me cercam. Tenha piedade de mim e me salve!

Palavra do Bom Pai: Para você eu quero a paz. Conheço o seu sofrimento, o qual é passageiro. Creia, tudo isso vai se transformar em luz, em benefício para você que me ama. Você já passou por dificuldades maiores e as venceu. Por que não irá vencer, agora que está junto de mim? Por outro lado, erros todos têm. Se você caiu, levante-se, confiando em meu perdão! Não veja só o lado negativo!

Você: O Senhor está certo. Eu tenho que confiar mais em mim mesmo, pois eu não estou sozinho. Dentro de mim também existe muita riqueza e eu estou me convencendo de que a solução está dentro de mim mesmo. Ensine-me a conquistar minhas metas, subindo a escada da vida, degrau por degrau.

Palavra do Bom Pai: Vá devagar! Eu, todo-poderoso, não quis criar o mundo num instante. Levei milhões e milhões de anos para fazê-lo e ainda não está concluído. E tudo o que eu fiz, eu achei que era bom. Assim, você também, procure ver e admirar o bom resultado de seu esforço! **Goste daquilo que você faz!** Faça como minha mãe, Maria Santíssima, que louvou o meu nome porque nela eu fiz grandes coisas. Ela reconhecia seu valor e suas boas qualidades. Acredite, você é filho da luz. Comigo você vai fazer proeza. **Não tenha medo do sucesso!** Sucesso não é pecado! Pecado é ferir os outros. Otimistas acreditam que merecem o sucesso e vão atrás dele. Os seus sonhos serão novamente elevados e você vai voar com asas de águia. Desde toda a eternidade, antes de formar o sol e as estrelas, eu já pensava em você, cercado de luz e de saúde. Eu não consigo sonhar coisas pequenas para meus filhos.

3. Tarefa do dia: Crie um ambiente de silêncio e planeje etapas em sua luta, para começar a sentir a alegria de viver: 1) Reveja seu passado, sem a mania de se ver culpado de tudo. 2)

Se os pessimistas tendem a desconfiar de si mesmos, comece a confiar em você, procurando dentro de você mesmo as soluções que aí já estão. 3) Não tenha vergonha de dizer: "Eu sou competente".

4. Para terminar, reze a oração final, composta por São Francisco (veja no final da novena!).

2º DIA – CURA-ME, SENHOR, DA TRISTEZA PROVOCADA PELA PERDA DE ALGUÉM

1. Oração inicial (veja no início da novena!).

2. Palavra do Bom Pai (veja no início da novena!).

Você: Fugindo, minha alegria levantou voo e o sol se apagou. Nem sei se é a tristeza nua que me ataca ou se ela já vem revestida do manto da depressão.

Palavra do Bom Pai: Nesses momentos de dor, como é importante ter na alma as palavras de meu Filho: "No mundo terão aflições. Mas, coragem! Pois eu venci o mundo" (Jo 16,33). Meu servo Paulo acreditou nessas palavras. Provando todo o tipo de tribulações, ele conseguiu equilíbrio necessário para animar aos que sofrem, escrevendo: "Alegrem-se sempre no Senhor; outra vez digo, alegrem-se!" (Fl 4,4). Mas, se não lhe basta o exemplo de Paulo, repare os sofrimentos de meu Filho, que foi pregado numa cruz!

Você: Mas Ele ressuscitou e está na glória. No entanto, a pessoa que eu amo não está mais no mundo dos vivos.

Palavra do Bom Pai: E o que falou o meu Filho sobre a morte que está ferindo tanto sua alma? Ele falou de vida e não de destruição: "Eu sou a ressurreição e a vida. Quem crê em mim, ainda que esteja morto, viverá. E quem vive e crê em mim jamais morrerá" (Jo 11,25-26).

Você: Mas, como ressuscitam os mortos?

Palavra do Bom Pai: "O que você semeia não nasce sem antes morrer. E o que você semeia não é o corpo da planta, que há de nascer, mas o simples grão, como o de trigo ou de alguma outra planta. Pois assim será também a ressurreição dos mortos. Semeia-se em fraqueza, e ressuscita-se em vigor. Semeia-se um corpo animal, e ressuscita-se um corpo espiritual" (1Cor 15,36-37.42.44).

Você: Mas, como é esse corpo espiritual?

Palavra do Bom Pai: Se corpo espiritual não ocupa lugar, ele tem o dom da comunhão cósmica, unido com tudo que é belo, santo e bom. Está em mim, revestido de luz, de alegria, sem um pingo de dor ou de tristeza, pois eu enxugo todas as lágrimas.

Você: Mas, e se esse meu amigo tiver morrido com algum pecado que tenha de pagar no purgatório?

Palavra do Bom Pai: Na felicidade plena da eternidade não existe nem lugar nem fração de tempo. Então, creia, purgatório é um instante de amor que acontece no instante da morte. Meu amor apaga tudo o que é limitado, feio e mau. Não sabia que "a caridade cobre uma multidão de pecados"? (1Pd 4,8). Feliz de você que crê na ressurreição e no poder de meu amor!

3. Tarefa do dia: Em profundo silêncio interior, penetre na beleza e na luz do céu, vendo entre os anjos e santos essa pessoa que você tanto ama. Veja-a totalmente iluminada e feliz! Veja-a louvando e cantando entre os anjos e santos de Deus e rezando por você.

4. Para terminar, reze a oração final, composta por São Francisco (veja no final da novena!).

3º DIA – CURA-ME, SENHOR, DA TRISTEZA PROVOCADA PELOS MALES QUE ME CERCAM

1. Oração inicial (veja no início da novena!).

2. Palavra do Bom Pai (veja no início da novena!).

Você: "Cantarei eternamente os favores do Senhor; minha boca proclamará sua fidelidade, de geração em geração." (Sl 89,2.10). Diante de tamanho poder, meu problema é como uma gota d'água, seja ele problema afetivo, social, de saúde, seja ele qual for. Eu quero que em meu jardim cresça mais alegria, mais paz e muito mais amor.

Palavra do Bom Pai: Eu quero que sua alegria seja o mesmo que júbilo interior. Ele não pode ser algo de momento, provindo de alguns êxitos. Percebo que hoje pouca gente aceita a luta e o esforço suado para obter conquistas nobres. Quanta gente fazendo de tudo para eliminar todas as contrariedades e dificuldades reais! No entanto, a vida sempre traz certas frustrações e os amigos da vida fácil sofrem muito, já que lutam contra a própria realidade, a qual nunca é perfeita.

Você: Bom Pai, ensine-me a unir alegria com o sofrimento! Ele faz parte da vida e até me ajuda a crescer mais. Ah se eu soubesse dar um sentido à minha vida! Então, poderei ser feliz, até mesmo no sofrimento. Se eu amar de verdade, a alegria daqueles que eu amo será minha alegria. Ensine-me esse caminho do amor!

Palavra do Bom Pai: Isto é vida. Vida plena. É por isso que o meu Espírito lhe dá uma ordem: "Alegrem-se sempre no Senhor; outra vez digo, alegrem-se!" (Fl 4,4). Não se trata de uma sugestão. É realmente uma ordem, mas eu não estou pedindo para você se alegrar em você mesmo, mas em mim. Não estou pedindo que se regozije não só nas circunstâncias ao seu redor, ou só na prosperidade ou só nas coisas boas. Alegre-se em mim, amando como eu amo.

Você: Estou sentindo que **a alegria nasce da comunhão com o Senhor, da comunhão com os que me cercam, até mesmo com aqueles que me ofendem.** O seu Espírito vai me ensinar a abençoar aqueles que me maldizem e essa bênção se transformará em alegria em meu coração.

3. **Tarefa do dia:** No silêncio interior, deixe passar por sua mente todos aqueles que não gostam de você. Descubra, de um por um, todas as qualidades boas que eles possuem: qualidades humanas, qualidades profissionais,

qualidades familiares e qualidades espirituais. Foi o Bom Pai do céu que ama você e a cada um deles que os enfeitou com tantas maravilhas. Ao descobrir tudo de bom que eles possuem, louve o Bom Pai que assim os abençoou.

4. Para terminar, reze a oração final, composta por São Francisco (veja no final da novena!).

4º DIA – ALEGRIA, FRUTO DA CONVERSÃO

1. Oração inicial (veja no início da novena!).

2. Palavra do Bom Pai (veja no início da novena!).

Você: Pai, por que a religião está tão associada à tristeza, ao sacrifício e à dor? Até Cristo, cheio de chagas, e Maria, com sete espadas em seu coração, são apresentados como modelos de perfeição. E os santos, por que eles não sabem dar risada?

Palavra do Bom Pai: O que você acaba de falar é muita bobagem em poucas palavras. Isto faz qualquer santo morrer de rir. Você nunca ouviu dizer que "um santo triste é um triste santo"? Acha você que meu Filho continua pregado na cruz? Virgem das Dores? Nunca ouviu você dizer que ela foi assunta aos céus e que no céu eu enxugo todas as lágrimas?

Você: Então, por que o crucifixo em cada igreja e em quase todos os pescoços?

Palavra do Bom Pai: A resposta está na Primeira Carta aos Coríntios: "Porque a doutrina da cruz é loucura para os que se perdem, mas é **poder de Deus** para os que se salvam. [...] Porque os judeus pedem sinais, e os gregos procuram sabedoria, enquanto nós pregamos Cristo crucificado, escândalo para os judeus, loucura para os pagãos, mas poder e sabedoria de Deus para os chamados, quer judeus, quer gregos" (1Cor 1,18-19.22-24). Foi por amor que meu Filho se aniquilou na cruz. No entanto, a cruz não foi o seu fim. "Pelo que também Deus o exaltou e lhe deu o nome que está sobre todo nome. Para que ao nome de Jesus se dobre todo joelho de quantos há no céu, na terra, nos abismos. E toda língua proclame, para glória de Deus Pai, que Jesus Cristo é Senhor" (Fl 2,9-11). Viu como a espiritualidade se baseia no amor e como a fé conduz ao triunfo e não à tristeza?

Você: Começo a entender: alegria e segurança só podem existir no coração daquele que tem vida religiosa, que realmente aceita Jesus como senhor de sua vida.

Palavra do Bom Pai: Infelizmente, o mundo continua a inventar novos senhores, novas atrações, muitas delas pecaminosas. E o resultado final é sempre o mesmo: Um pequeno momento de prazer que desemboca no mar do enfado, com suas ilhas de remorso. E, se o pecado gera a morte, a conversão é essencial para ter vida plena. É por isso que a primeira palavra de meu Filho, no Evangelho de Marcos, é: "Convertam-se e creiam no Evangelho" (Mc 1,15). Então, lance fora seus pecados e entre na minha jogada, pois aí está o caminho da vitória.

Você: Bom Pai, agora não lhe peço mais a felicidade. O que eu lhe peço é a graça de uma boa confissão, cujo fundamento é o seu amor, maior que meus pecados. E a alegria será o fruto desse passo decisivo.

3. Tarefa do dia: Faça um sério exame de consciência e se arrependa de seus pecados. Como sinal de conversão, procure um sacerdote, hoje ou outro dia, e se confesse e sua alma vai exultar de alegria.

4. Para terminar, reze a oração final, composta por São Francisco (veja no final da novena!).

5º DIA – O LOUVOR LIBERTA DE TODA A TRISTEZA

1. Oração inicial (veja no início da novena!).

2. Palavra do Bom Pai: Infelizmente, ao se encontrar com o sofrimento, muita gente perdeu a alegria. No entanto, só quem passou pela dor, a qual também é passageira, poderá dar valor ao que se tem. Então, aprenda até nas circunstâncias adversas!

Você: Acho que o Senhor fala assim só porque o Senhor é Deus e nunca passou pelo sofrimento.

Palavra do Bom Pai: Essa é mais uma anedota que você está inventando. Não foi meu Filho quem disse: "Minha alma está triste até a morte"? (Mt 26,38). Embora Ele tenha sido ungido com o óleo da alegria, passou por profunda tristeza, até se aniquilar na morte de cruz. Mas Ele venceu. Você também vai vencer. No meio de todas as lutas, você vai experimentar um peso de glória e felicidade, explodindo em seu coração. E isto será obra minha.

Você: Então, o que devo eu fazer para passar de uma realidade para outra?

Palavra do Bom Pai: Ponha em prática o que você encontra na Carta aos Efésios: "Recitem entre vocês salmos, hinos e cânticos espirituais.

Cantem e salmodiem ao Senhor em seus corações. **Deem sempre graças por todas as coisas** a Deus Pai em nome de Nosso Senhor Jesus Cristo" (Ef 5,19-20). E o que é "dar graças"? É louvar, glorificar, bendizer. Coloque louvor em sua vida! Repare que eu não disse "deem graças pelas coisas boas". Mas, "por todas as coisas" e "sempre".

Você: Mas, por favor, me explique: Por que louvar e agradecer por todas as coisas e em todas as circunstâncias, até naquilo que me dói e me entristece?

Palavra do Bom Pai: Sua pergunta é inteligente, mas já está respondida na Carta aos Romanos: "Nós sabemos que **todas as coisas concorrem para o bem** daqueles que amam a Deus" (Rm 8,28). Portanto, sempre e por tudo e em todas as circunstâncias, coloque louvor em seu coração! Você vai experimentar, em sua vida, como **o louvor liberta**. Então, encha-se de esperança, de alegria, porque maravilhas vão acontecer. É o que se encontra na Carta aos Romanos: "Tenho para mim que os sofrimentos da vida presente não têm comparação alguma com a glória futura que se manifestará em nós" (Rm 8,18).

3. Tarefa do dia: Reserve uns minutos para louvar e bendizer ao Senhor por tudo o que lhe acontece. Depois, continue seu louvor nos outros dias da novena e nos outros dias de sua vida.

4. Para terminar, reze a oração final, composta por São Francisco (veja no final da novena!).

6º DIA – 7 MANDAMENTOS PARA SER SEMPRE ALEGRE

1. **Oração inicial** (veja no início da novena!).

2. Palavra do Bom Pai (veja no início da novena!).

Você: Meu sedento coração está aberto, esperando seus ensinamentos. Mostre-me o caminho para ser feliz!

Palavra do Bom Pai: Então, hoje, quero lhe ensinar 7 mandamentos para você permanecer alegre, mesmo em meio aos sofrimentos. Aqui está o 1º mandamento: **"Viva aquilo que eu vivo: O AMOR"**. Eu sou o amor. Quem está no amor está em mim e eu estou nele (cf. 1Jo 4,16). É o amor que dá vida à comunidade familiar, à comunidade religiosa, à comunidade dos amigos e, por fim, à unidade cósmica.

Você: Assim, para a solidão ser banida para bem longe de mim, eu lanço fora minhas mágoas e meus ressentimentos. Quero alegrar a todos que se aproximam de mim e enviar bênçãos a todos que de mim se afastaram. Eles também fazem parte do seu infinito amor.

Palavra do Bom Pai: Vai aí o meu 2º mandamento para ser feliz: "**Valorize sua característica pessoal!**" Muita gente só pensa em conquistar a admiração dos outros sacrificando-se. Ora, sua característica pessoal, isto é, a sua idiossincrasia, é somente sua. Todas as outras pessoas podem ser diferentes de você mesmo.

Você: "Graças lhe dou, porque fui feito tão grande maravilha. Prodigiosas são suas obras; sim, eu bem o reconheço. Ainda embrião, seus olhos já me viam" (Sl 139,14).

Palavra do Bom Pai: Conheço um milhão de pessoas que são sérias demais. A vida dessa gente é só trabalho, só coisas certas, vividas com precisão. Desconhecem o 3º mandamento que é: "**Invente, arrume, procure um passatempo**". Pode ser encontro com amigos para um joguinho, de quando em quando; ou simplesmente para comer junto. Por que não se alegrar com os que se alegram? Pode ser, também, uma abertura para as artes, como pintura, esporte, dança, culinária etc.

21

Você: Bem que Jesus avisou ao diabo, no *Auto da Compadecida*, que lugar sério é no inferno. Bem que o seu servo, o Pe. Alderígi, sabia se deleitar em ler revistas em quadrinhos e torcer pelo seu time predileto.

Palavra do Bom Pai: Tenho, para você ser feliz, um 4º mandamento: "**Tenha a coragem de dizer 'eu errei' e tenha a humildade de dizer 'me perdoe'**". Errar faz parte da vida. Aprenda com os erros e descubra a delícia de ser como você é!

Você: Bom Pai do céu, não só perdoo os que me deixaram triste, mas, também, perdoo a mim mesmo todos os meus erros passados.

Palavra do Bom Pai: Aí você tem o 5º mandamento: "**Aprenda a crescer até com os fracassos**". Faça como o meu Filho! Quantas decepções não teve Ele de enfrentar! Mas Jesus sabia que valia a pena viver a vida, mesmo enfrentando desafios. Diga-me o que ele afirmou, antes de chegar ao Horto das Oliveiras?

Você: "No mundo terão aflições. Mas tenham coragem! Eu venci o mundo!" (Jo 16,33).

Palavra do Bom Pai: Para ser feliz existe ainda o 6º mandamento: "**Confie plenamente em mim que alimento até os passarinhos**". Como pode alguém ser feliz, destruindo-se, diariamente, com preocupações?

Você: Já que assim é, vou criar o hábito de sempre repetir: "O Deus que cuida dos passarinhos é meu Pai e ele me ama. Por isso sou feliz".

Palavra do Bom Pai: 7º e último mandamento para ser feliz: "**Seja alguém de vida de oração e meditação**". Oração, principalmente, a de louvor. Meditação, pelo menos meia hora por dia, pois de você espero atitude de amizade.

Você: Esta amizade eu a quero viver, tal qual Cristo ensinou: "Permaneçam em mim e eu permanecerei em vocês. [...] Como o Pai me amou, assim também eu os amei. Permaneçam no meu amor" (Jo 15,4.9).

3. Tarefa do dia: Programe, com coragem, sua vida dentro destes 7 mandamentos.

4. Para terminar, reze a oração final, composta por São Francisco (veja no final da novena!).

Esses 7 mandamentos foram inspirados em artigo de Roberto Shinyashiki, em www.itudomais.com.br

7º DIA – A ALEGRIA DE SÃO FRANCISCO

1. Oração inicial (veja no início da novena!).

2. Palavra do Bom Pai (veja no início da novena!).

Você: Para que o mundo todo seja mais feliz, o Senhor envia seus profetas. Hoje não os vejo mais. Por que eles se calam?

Palavra do Bom Pai: O que eu falei ontem através deles continua ainda hoje tão válido como naqueles dias. Ouça hoje, através de meu querido filho Francisco de Assis, a canção da perfeita alegria!

Palavra de São Francisco: Meu irmão, paz e bem! Nada existe como o louvor para criar um clima de verdadeira alegria. Comecemos, louvando o Senhor, com a mesma oração que, um dia, eu ensinei aos meus queridos frades:

Você e São Francisco: "Onipotente, altíssimo, santíssimo e sumo Deus, Pai santo e justo, Senhor e Rei dos céus e da terra, damos-lhe graças por causa do Senhor mesmo, porque por sua santa vontade e pelo seu único Filho criou no Espírito Santo todos os seres espirituais e corporais" (cf. *Regra não bulada*, de São Francisco, 23).

Você: Que louvor mais lindo e profundo, hein! Sei também que um dos aspectos mais fortes de sua vida é a sua alegria, que até o fez conhecido como "o santo sempre alegre". Que fazer para, deste jeito, também eu me aproximar do Bom Pai?

Palavra de São Francisco: Outra coisa não deseje, nem queira, nem lhe agrade, nem o alegre senão o nosso Criador... Em toda parte, em qualquer lugar, a toda hora e tempo, diária e continuamente, creia sincera e humildemente, retenha no coração e ame, sirva, louve e bendiga, glorifique e sobreexalte, magnifique e renda graças ao altíssimo e sumo Deus (cf. *Regra não Bulada*, de São Francisco, 23,1-6 e 27-33).

Você: Irmão Francisco, sua resposta foi sublime. Agora, responda-me de modo bem simples: Como você conquistou essa alegria que eu também quero ter?

Palavra de São Francisco: Felicidade completa na terra não existe. Eu carreguei muitas dores e incompreensões. Mesmo assim, fui por demais abençoado por esse Bom Pai. Primeiro, Ele me deu a convicção profunda de ser amado por ele. Depois, Ele me deu a clareza de que tudo que existe fora criado para mim. Por fim, se tudo isso era para mim, de modo algum eu me apropriei de coisa alguma. Pelo contrário, consegui criar uma fraternidade com todos os seres e isto me fazia cantar de alegria.

Você: Já que o Bom Pai tanto nos ama, eu convido você a celebrá-lo comigo, com o começo e o fim do lindo hino que você compôs, o *Cântico das criaturas*: "Altíssimo, onipotente, bom Senhor, teus são o louvor, a glória, a honra e toda a bênção. [...] Louvado sejas, meu Senhor, com todas as tuas criaturas, especialmente o senhor Irmão Sol, que clareia o dia e com sua luz nos alumia. E ele é belo e radiante com grande esplendor: De ti, Altíssimo, é a imagem".

Palavra de São Francisco: "Louve e bendiga a meu Senhor e dê-lhe graças e sirva-o com grande humildade".

Você: Meu irmão São Francisco, para você, triste só poderia ser quem trouxesse um pecado dentro de si. Vendo um frade macambúzio, com testa enrugada, logo você o mandava se confessar com um sacerdote. O fantástico *Cântico das criaturas* só pode ter sido composto quando você era só harmonia em cada canto de sua vida, não?

Palavras de São Francisco: Pelo contrário. Naquela noite em que compus esse cântico, estava eu passando pelas maiores dores de minha vida. Estava quase cego. Meus rins já não funcionavam quase nada. Úlcera estomacal levava-me até a vomitar sangue. Maior que as dores físicas era a dor de ver tantos frades vivendo longe do ideal. Mas, a alegria pode conviver com tudo isso. É assim que foi escri-

26

to: "Devem alegrar-se na medida em que participam dos sofrimentos de Cristo para que, na revelação de sua glória, possam exultar e alegrar-se" (1Pd 4,13).

Você: Irmão Francisco, como ponto final de nossa conversa gostosa, exultemos e alegremo-nos com uma de suas orações que você compôs!

Palavra de São Francisco: Uma vez que o Bom Pai nos ama com amor eterno, vamos celebrá-lo! Comece você, revezando comigo. (Reze a oração final, composta por São Francisco, que está no final da novena.)

8º DIA – A ALEGRIA DE UM SANTO BRASILEIRO

1. **Oração inicial** (veja no início da novena!).

2. **Palavra do Bom Pai** (veja no início da novena!).

Você: Ontem eu ouvi o santo-sempre-alegre. E no Brasil, não houve alguém assim feliz?

Palavra do Bom Pai: É claro que houve. Para que a alegria reine mais em sua vida, eu lhe trago o exemplo do meu servo, o Pe. Alderígi, nascido em Jacutinga, MG. Assim ele escreveu em 1970: "Os cuidados de Deus para com o povo eleito são apenas uma amostra do amor com que Ele cuida de todas as criaturas. Como a mãe quer bem a seu filho!... Rodeia-o de mil atenções e está disposta a dar-lhe a própria vida. Se a mãe é tão boa, o que fará Deus com os seus filhos?" (cf. Is 49,15-18 – Este mesmo assunto você encontra na *Novena pedi e recebereis*, dedicada a esse servo de Deus. 3. ed. Petrópolis: Vozes).

Você: Sim, eu sei que o Senhor nunca irá se esquecer de mim.

Palavra do Bom Pai: Assim o bispo de Pouso Alegre, MG, falou sobre a alegria desse meu servo, por ocasião de sua morte: "Tinha uma alegria e um prazer imenso em dar aos que nada tinham, aos que batiam à sua porta, pedindo pão, remédio, roupa. [...] O importante, porém, é ressaltar aqui que sua amizade aos pobres foi uma consequência de seu amor a Deus, a Cristo, que ele sempre viu em cada um que se encontrou com ele, em qualquer circunstância" (O depoimento completo de Dom José D'Ângelo Neto se encontra no livro *Alderígi, perfume de Deus em frasco de argila*, da Ed. Vozes).

Você: Como poderia ser ele alegre se era cercado de tão grande pobreza, a ponto de não ter o necessário para comprar um novo par de sapatos ou uma batina nova?

Palavra do Bom Pai: Realmente, ele não tinha nada, mas contava para todos que nada lhe faltava. Assim Pe. Elias, seu antigo coroinha, se expressou: "Fui visitar Pe. Alderígi, já perto de sua morte, no hospital de Poços de Caldas. Conversamos um tempão. No final, eu lhe disse: "Preciso ir embora. Dê-me a bênção". O alquebrado velhinho me respondeu: "Dou minha bênção.... Quer ser feliz? Viva como eu vivi!" e abriu as mãos. Então, lhe perguntei: "O que significa isso?" E o meu mestre falou: "Nunca guardei nada para mim. Veja como Deus é bom! Não tinha nada, agora tenho tudo." (O depoimento completo do Pe. Elias se encontra no livro *Alderígi, perfume de Deus em frasco de argila*, da Ed. Vozes). Meu filho, a alegria não brota do ter, mas do amar.

Você: Bom Pai do céu, que o meu amor me faça desapegado de tudo, sabendo que nada vai me faltar!

Palavras do Bom Pai: Belo pedido! Mas suba um pouco mais nesta caminhada para a plena alegria: Pe. Alderígi, além de confiar totalmente na minha providência, acreditava na minha misericórdia e em sua salvação. Se ele tinha um lado brincalhão e gostoso, infantil e alegre, dando gargalhadas ao ler revistas em quadrinhos, é porque ele vivia sua vida interior com intensidade. Se o Pe. Alderígi gostava de orar, gostava também de música, do bimbalhar dos sinos e do ritmo das bandas e fanfarras. Suas gargalhadas eram ouvidas à distância. Conseguiu ele ser santo sem deixar de ser gente.

3. Tarefa do dia: Com calma, aprofunde-se um pouco mais e descubra de onde nascia a alegria desse servo de Deus, que hoje enche o Brasil inteiro com seus milagres.

4. Para terminar, reze a oração final, composta por São Francisco (veja no final da novena!).

9º DIA – COMO NÃO VIVER ALEGRE SE DEUS ME AMA TANTO?

1. Oração inicial (veja no início da novena!).

2. Palavra do Bom Pai (veja no início da novena!).

Você: Bom Pai do céu, "eu exaltarei o Senhor, meu Deus e Rei, bendirei seu nome para todo o sempre" (Sl 145,1). Meus lábios vão bendizer o seu nome por todo o sempre, pois a tristeza foi destruída e a alegria resplandece em mim, por todo inteiro.

Palavra do Bom Pai: Como poderia eu me esquecer de você se eu o amo desde toda a eternidade? Antes de eu criar o universo, você já era amado e predestinado para ser meu filho muito amado. Não se esqueça da Carta aos Efésios, onde se lê: "Bendito seja o Deus e Pai de Nosso Senhor Jesus Cristo que dos céus nos abençoou com toda a bênção espiritual em Cristo. Assim, **antes da constituição do mundo**, nos escolheu em Cristo, para sermos, no amor, santos e imaculados a seus olhos" (Ef 1,3-4).

Você: Sim, eu só tenho que viver em estado de felicidade, embriagado de total alegria, pois, desde toda a eternidade eu estava em sua mente, em seu amor, mesmo conhecendo o Senhor todas as minhas fraquezas.

Palavra do Bom Pai: No entanto, meu amor é maior ainda, pois esse amor irá até o fim, para dentro da eternidade, aconteça o que acontecer. Mesmo que você caia no maior pecado, mesmo que você não me ame, mesmo que as montanhas caiam no fundo do mar, eu continuarei amando você, com amor eterno.

Você: Tomado de alegria, diante de tamanha maravilha, agora eu só sei louvar e cantar: "Deem graças ao Senhor, porque Ele é bom, porque eterno é seu amor! Só Ele fez grandes maravilhas, porque eterno é seu amor!" (Sl 136,1.4).

Palavra do Bom Pai: Só que você não sabe o quanto tem de me pagar por esse amor infinito e por toda a eternidade. Sabe quanto? Nada. Ele é de graça. Assim já se encontra na Carta aos Romanos: "Todos pecaram e todos estavam privados da glória de Deus. Mas agora são **gratuitamente** justificados pela graça, pela redenção em Jesus Cristo" (Rm 3,23-24).

Você: Após ouvir tão grande maravilha, eu declaro: "Por causa desse amor infinito é que eu não quero mais pecar". Mas, eu conto com sua graça: Se um dia eu ofender o seu coração, vou me levantar na hora e vou lhe pedir perdão, sabendo que vou encontrar seus braços abertos para me acolher e me purificar.

3. Tarefa do dia: Pare uns minutos e simplesmente curta o ser amado pelo Bom Pai. E depois, glorifique-o porque o sol da alegria de Cristo raiou dentro de você, para sempre. Amém!